Marco raconte

13 histoires vraies

Marc Guiguin
illustré par Martin Sanders

SÉRIE ROUGE

No 1   *Chère Lambert!*   Ann Swarbrick et Mary Swarbrick

No 2   *Le Journal de Delphine*   Monique Alcott

No 3   *Ménestel, le tout-puissant*   Marc Guiguin

No 4   *Des roses blanches pour Danielle, et autres histoires*
       Francine Rigoni et toute l'équipe

No 5   *Aventure et passion : contes et récits d'aujourd'hui*
       Ann Swarbrick et toute l'équipe

No 6   *Marco raconte... 13 histoires vraies*   Marc Guiguin

Published by the Press Syndicate of the University of Cambridge
The Pitt Building, Trumpington Street, Cambridge CB2 1RP
40 West 20th Street, New York, NY 10011–4211, USA
10 Stamford Road, Oakleigh, Melbourne 3166, Australia

© Cambridge University Press 1994

First published 1994

Printed in Great Britain at the University Press, Cambridge
A catalogue record for this book is available from the British Library

ISBN 0 521 44983 9

Text design by Liz Knox
Cover design by Paul Oldman
Cover illustration by Martin Sanders

Notice to teachers
It is illegal to reproduce any part of this work in material form (including photocopying and electronic storage) except under the following circumstances:
(i) where you are abiding by a licence granted to your school or institution by the Copyright Licensing Agency:
(ii) where no such licence exists, or where you wish to exceed the terms of a licence, and you have gained the written permission of Cambridge University Press;
(iii) where you are allowed to reproduce without permission under the provisions of Chapter 3 of the Copyright, Designs and Patents Act 1988.

VN

Table

1 La petite fille qui se balançait   5
2 Traître ou héros?   10
3 Les deux armoires   17
4 Le combat des Trente   23
5 Le poisson-miracle   27
6 Le tambour Bara   30
7 Il était dans mon village   35
8 Un drôle de président   41
9 Un bandit d'honneur   45
10 Un «roi»   52
11 Les cheveux de Monique   57
12 Une rencontre-surprise   62
13 Crime dans le couloir   68

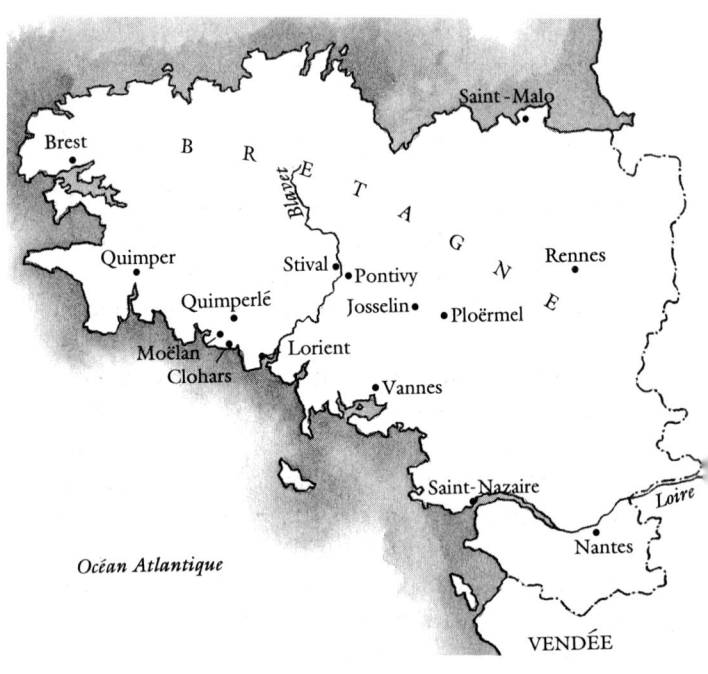

1
La petite fille qui se balançait

C'est curieux : avant d'entendre les sirènes, la petite Marie-Paule devine l'arrivée des avions venus bombarder Lorient. La petite fille devient nerveuse. Elle commence alors à se balancer sur les deux pieds de l'arrière de sa chaise.

« Arrête, Marie-Paule », lui dit sa mère. Et elle ajoute : « Tu vas te casser la tête en tombant en arrière... et tu vas casser les chaises... »

Mais elle s'arrête vite car, effectivement, elle entend les sirènes. C'est une alerte, la huitième cette semaine. Les Anglais ont choisi Lorient comme cible en cette année 1943, parce que les Allemands y ont construit une base sous-marine. Mais cette base est indestructible car elle est couverte d'un épais manteau de plusieurs mètres de béton. Les Anglais ont donc décidé de rendre la vie impossible dans la ville et d'en chasser les Lorientais qui travaillent à la base. Ils ont prévenu les habitants avec des tracts lancés des avions :

Lorientais, quittez votre ville !

Nous devons détruire Lorient. Nous devons immobiliser la base sous-marine des Allemands pour protéger l'océan Atlantique. Nous devons remporter la victoire sur les forces allemandes qui vous occupent.

La petite fille qui se balançait

Au début, les Lorientais ont ignoré les tracts. Ils sont restés chez eux. Chaque nuit, la ville reçoit des tonnes de bombes incendiaires ou explosives. On s'inquiète peu, il y a même des curieux qui sortent pour assister au « spectacle » de la ville qui brûle par quartiers entiers. Il y a même quelques morts. Puis, la cadence et l'intensité des bombardements augmentent et alors on envisage sérieusement de quitter la ville.

On a contacté les cousines de la petite ville voisine de Quimperlé qui échappe aux bombes et, c'est décidé, on part demain. Le père de Marie-Paule avec son beau-frère a trouvé une camionnette pour transporter les modestes meubles et objets des deux familles.

C'est dimanche, il fait beau... heureusement car la camionnette n'est pas couverte. Le chargement est fait tant bien que mal (on n'a que 20 kilomètres à parcourir). Sur le dessus on place avec précaution ce qui est le « trésor » de la famille : une magnifique armoire à glace achetée au début du mariage des parents de Marie-Paule. L'armoire est le centre de la chambre à coucher, la mère vient y essayer ses robes, le père vient y nouer sa cravate le dimanche et Marie-Paule et sa sœur viennent y faire des concours de grimaces : elles imitent les voisines et les chanteuses qu'on entend à la radio.

En cours de route, il faut s'arrêter à plusieurs reprises pour vérifier si l'armoire tient bien. Le soir, à Quimperlé, on s'arrête chez les cousins qui parlent d'une grange à louer un peu plus loin. On dîne presque joyeusement en famille. Marie-Paule dans l'inconscience de ses quatre ans trouve tout cela fort amusant...

Le lendemain, on charge tout sur une charrette à

La petite fille qui se balançait

cheval et on part vers la grange à louer. Cet exode dramatique pour les parents se transforme presque en partie de plaisir pour les enfants. On entend au loin le grondement des bombes à Lorient. On arrive au château de Monsieur le marquis de P..., le propriétaire de la grange, qui fait visiter la grange et donne le prix. L'affaire est conclue. La grange est minuscule, pas éclairée, le sol est en terre battue. Le « dortoir » sera en haut et, en bas, ce sera la cuisine–salle-à-manger.

La petite fille qui se balançait

Impossible de monter la belle armoire dans la chambre. L'armoire reste donc au rez-de-chaussée.

Elle y est restée 4 ans : 2 dernières années de guerre et 2 autres années après la guerre. Alors Lorient commence à accueillir le retour de ses 60 000 habitants. Quatre années de vie à la campagne pour Marie-Paule et sa famille. Elle fréquente l'école du village voisin, elle jardine; elle a des amies y compris les filles de Monsieur le marquis; elle voit, le soir, de son lit les rats qui viennent voler les pommes de terre; elle a très froid en hiver, cueille les primevères en mars, « vole » des pommes à la fin de l'été.

L'armoire, elle, se porte bien malgré l'humidité, grâce aux soins de la maman de Marie-Paule. Marie-Paule se regarde souvent dans la glace. Dans cette glace elle se voit grandir.

Et puis, c'est 1947. Marie-Paule et sa famille peuvent rentrer à Lorient. Le Ministère de la reconstruction et la Mairie ont mis à la disposition des « réfugiés » des baraques américaines et canadiennes. Les parents de Marie-Paule ont obtenu une baraque américaine, c'est plus confortable. On a vu la baraque, on a hâte de quitter la grange et ses rats. Il ne reste plus qu'à déménager. Cette fois on prend le train mais il faut aller jusqu'à la gare de Quimperlé. On reprend donc la charrette, c'est le même vieux cheval qui la tire, l'armoire est toujours jalousement surveillée. Mais, on laisse trop de liberté au cheval («Il connaît le chemin...») et soudain la charrette tombe dans le fossé !

« Mon Dieu ! L'armoire ! » Mais l'armoire va bien ! Elle est tombée tout doucement, tout lentement... dans l'herbe épaisse. On remet tout dans la charrette;

Marie-Paule fait quelques remontrances au cheval... et on repart.

La suite du voyage est sans histoire : le train, puis plusieurs charrettes à bras de la gare de Lorient jusqu'à la nouvelle maison, la baraque américaine. On sait qu'on n'est là que « provisoirement », que bientôt on sera relogé dans une vraie maison. Mais, quand même, on s'installe bien dans la baraque américaine.

La chambre des parents est trop petite pour recevoir l'armoire à glace. Alors, elle siégera, elle trônera, elle présidera, elle éblouira dans la salle-à-manger.

Dès le premier dimanche on fait un grand repas de famille. On est content d'être à Lorient. Tout le monde bavarde à table : on garde les bons souvenirs, on oublie les quelques disputes... Et bien sûr on évoque les aventures de l'armoire.

Marie-Paule, très bavarde, est toute excitée. Et automatiquement, elle reprend son mouvement de balancier sur sa chaise... Elle tombe en arrière, frappe la glace de sa tête, se fait horriblement mal... Les spectateurs de la scène sont stupéfaits.

Aujourd'hui — 45 ans plus tard — on rit et on parle encore de l'aventure de cette armoire à glace détruite finalement, non pas par la guerre mais par une petite fille qui se balançait...

2
Traître ou héros ?

« Élève sérieux, mémoire exceptionnelle... »

En se rappelant ce jugement de ses professeurs de lycée, en 1919, à la veille de son entrée à l'École polytechnique (la plus prestigieuse des écoles d'ingénieurs en France), Jacques Stosskopf sourit.

Pourtant, cela ne lui arrive pas souvent de sourire parce que nous sommes en 1942, en pleine guerre. Les Allemands occupent une grande partie de la France. C'est la zone occupée. Le reste de la France est la zone libre. Le gouvernement français a quitté Paris et s'est réfugié à Vichy en zone libre.

Jacques Stosskopf entre dans le bureau du commandant Ferran au ministère de la Marine à Vichy. Il va avoir besoin de cette fameuse mémoire « exceptionnelle »...

— Mon commandant, bonjour.

— Bonjour Jacques, asseyez-vous, je vous écoute...

D'une voix neutre, à un rythme régulier, il énumère pendant que Ferran note :

« *le Untersee-Boot 65*, Commandant
Müller, *est rentré le 6 avril, a coulé
deux cargos, trois escorteurs, a touché
un porte-avions; il repart le 22 pour les*

Caraïbes puisqu'on va l'équiper et le repeindre pour les mers chaudes... »

« *le U-Boot 43,* **Commandant Becker,** *est rentré endommagé, a coulé quatre cargos dans la Manche; il va recevoir un nouveau modèle de périscope...* »

Il donne ainsi une liste concernant 52 sous-marins allemands venus faire escale à Lorient au cours des deux mois précédents. Il répète une deuxième fois tous les détails que Ferran vérifie. Dès ce soir, tous ces renseignements seront télégraphiés à Londres. Jacques salue Ferran et se dirige rapidement vers la gare. Le train doit le ramener à Lorient, à 800 kilomètres de là après une nuit interminable. Il doit reprendre son poste de sous-directeur à l'Arsenal...

Sa position est très délicate : il est donc « numéro 2 » de ces chantiers de constructions navales français mais en réalité allemands depuis la défaite de 1940. Le gouvernement français installé à Vichy « collabore » avec les Allemands. On peut donc croire que Jacques Stosskopf travaille lui aussi pour les Allemands. En réalité, depuis septembre 1940, il a été contacté par des officiers français « résistants », il a accepté aussitôt et devient alors très utile... Il doit officiellement aller à Vichy une fois par mois... c'est très pratique et c'est là qu'il rencontre son « relais », un résistant nommé Ferran.

Ainsi, c'est lui qui a annoncé aux Anglais que, dès 1941, les Allemands se préparaient à construire à Lorient la plus grande base sous-marine de l'Atlantique et qu'il fallait bombarder le chantier au plus vite.

Traître ou héros

Traître ou héros

A son grand désespoir, on n'a cru à ses renseignements que trop tard. La base a été achevée. Elle est maintenant indestructible. Autre « qualité » de Stosskopf aux yeux de la Résistance : il est alsacien et parle — et donc comprend — parfaitement l'allemand. De nombreux officiers de la Kriegsmarine lui parlent en allemand et le connaissent bien. C'est ce que l'on appelle le « double jeu ». Parfois même, certains ouvriers de l'Arsenal l'appellent « le Boche » et détournent le regard quand ils le croisent. Jacques Stosskopf ne peut évidemment rien leur dire, seuls ses proches connaissent la vérité et son rôle véritable.

Stosskopf arrive à Lorient au petit matin sous la fine pluie bretonne. Son chauffeur l'attend devant la gare, le salue, lui ouvre la portière et le conduit à l'Arsenal à travers des rues presque désertes. Quand sa voiture pénètre dans l'Arsenal, les sentinelles allemandes le saluent.

Il passe d'abord à son bureau : à nouveau les autorités allemandes lui demandent pour la fameuse « relève » une liste de 400 ouvriers français « désirant » aller travailler en Allemagne. En échange, les Allemands permettent le retour en France de prisonniers français. Mais, cette fois, les autorités allemandes insistent. Ils veulent 400 noms. Si, dans un délai de 15 jours, cette liste de « volontaires » n'est pas à la Kommandantur, Monsieur le commandant Stosskopf devra désigner lui-même ces « volontaires »...

Là est le drame de Jacques. S'il refuse de donner les 400 noms, les Allemands exigeront son renvoi et son remplacement par un officier plus « compréhensif » et, de toute façon, 400 ouvriers de l'Arsenal partiront en Allemagne... et finie sa mission de renseignements.

Traître ou héros

S'il accepte d'envoyer 400 travailleurs en Allemagne, il devient un auxiliaire des Allemands, confirmant aux yeux des « patriotes » cette détestable image de « collaborateur » qu'il a déjà... mais il peut continuer à espionner.

Pour l'instant, il a précisément quelques renseignements à collecter.

Au service de lavage des vêtements, il apprend que le U-78 doit repartir vers le 18 car on a demandé que les uniformes des marins de ce sous-marin soient prêts pour cette date. Il note cette précision mentalement car il n'est pas question d'écrire cela.

Renseignement plus important aux ateliers « peinture » : les techniciens font de la recherche. Ils étudient les mélanges de peinture anti-radars de plus en plus efficaces. Si les sous-marins allemands sont repeints de ce produit, ils deviendront « invisibles ». Stosskopf apprend par cœur les numéros et les codes des boîtes de peinture utilisées.

De passage au mess des officiers, il rencontre son « ami » Ludwig avec qui il a sympathisé : il est originaire d'un village, Kanzingen, situé à quelques centaines de mètres du village de Stosskopf, de l'autre côté du Rhin. Ils ont le même âge et les mêmes passions, spécialement le jardinage. Grâce à Jacques, Ludwig a obtenu un petit carré de terre près de la base sous-marine. Il cultive ses légumes et entretient son petit potager :

— Alors, Ludwig ? Et les salades ?

— Ah ! mon cher Jacques, je n'aurai pas le temps de m'en occuper : nous attendons l'arrivée de 20 nouveaux sous-marins fabriqués à Brême et... mes salades devront attendre....

Traître ou héros

Enfin, juste avant midi — heure de la marée haute qui permet aux sous-marins de pénétrer dans la rade de Lorient — le commandant Stosskopf se trouve comme par hasard près des quais. Deux sous-marins allemands arrivent victorieux. Stosskopf remarque un troisième sous-marin. Étrange... le troisième est un japonais...

Ainsi, jour après jour, Stosskopf accumule les renseignements que, mois après mois, il transmet à Londres via Vichy. Les Allemands du contre-espionnage pensent qu'il y a des « fuites » au départ de Lorient mais ils ne soupçonnent pas Jacques.

Il a en effet finalement fourni la fameuse liste des « volontaires » pour le travail en Allemagne. A force de ruse et de lenteur, il a donné une liste de 190 ouvriers au lieu des 400 réclamés. Il les a accompagnés en Allemagne. Sur les quais de la gare de Lorient, quand il monte dans son wagon, il est insulté par la population : « A mort Stosskopf ! »

En décembre 43, un sabotage a lieu sur la porte du bassin II de la base sous-marine. Les Allemands veulent les coupables. Jacques, qui les connaît, refuse et feint l'ignorance.

Quelques semaines plus tard, Ludwig l'entraîne dans son jardin « pour lui montrer ses splendides chrysanthèmes »... en réalité pour pouvoir lui parler discrètement :

— Mon cher Jacques, nous sommes quelques officiers allemands en désaccord avec ce fou d'Hitler qui conduit l'Allemagne à sa perte et le monde vers l'enfer. Très souvent, j'entends votre nom cité parmi les suspects d'espionnage au profit de l'Angleterre. Je ne veux pas savoir si c'est vrai, mais, je vous en supplie, Jacques : arrêtez !

Traître ou héros

— Je vous remercie de votre confiance, mais je ne puis abandonner; mon départ aurait de graves conséquences pour mes amis. Il serre longuement la main de Ludwig, qu'il ne reverra plus.

Depuis la fin 43, il habite à Quimper, à 50 kilomètres de Lorient qui a été bombardée. Il rentre chaque soir à Quimper où il rejoint sa femme et son fils. C'est également de là que partent chaque semaine par radio (et parfois par bateau) les renseignements à destination de l'Angleterre. Il ne va plus à Vichy où les Allemands se sont installés. Il multiplie les observations (et les risques) car il sait que les Alliés se préparent à débarquer.

Il n'a pas vu ce débarquement.

Arrêté par les Allemands (son nom figurait sur une liste prise sur un résistant) le 21 février 44, il est transféré à Vannes, puis à Rennes, puis à Strasbourg dans son Alsace natale. Emprisonné au camp du Struthof, il est exécuté avec 107 de ses camarades d'une balle dans la nuque dans la nuit du 1er au 2 septembre 44. Son corps a été incinéré dans un four crématoire de ce camp, le seul camp de concentration en France.

3
Les deux armoires

Au début du XXème siècle, l'Autriche-Hongrie est un immense empire qui rassemble de très nombreuses ethnies : des Autrichiens, des Hongrois, mais aussi des Croates, des Tchèques, des Slovènes, des Roumains, des Polonais, des Bosniaques, des Italiens...

Beaucoup de ces peuples minoritaires acceptent mal la domination autrichienne. En 1914 le vieil empereur autrichien François-Joseph s'allie à l'Allemagne contre le Royaume-Uni, la Russie et la France. C'est la première guerre mondiale.

On comprend donc pourquoi certains soldats de l'armée « autrichienne » ne se sentent pas spécialement motivés par cette guerre. C'est le cas d'un jeune Polonais de Jelenia-Gora, petite ville proche de Cracovie. Il s'appelle Maryan, il a 28 ans, est marié et a deux enfants. Il combat sur le front russe depuis deux ans. Nous sommes en octobre 1916, un troisième hiver s'annonce déjà. Partout, la guerre s'éternise. En France c'est la boucherie de Verdun. En Belgique, à Ypres, on utilise les gaz. En Italie on se bat dans les Alpes.

Maryan n'en peut plus. Après chaque rare permission passée auprès de sa femme, c'est le drame : il faut se séparer et repartir pour le front. Et alors, c'est la boue, l'horreur, les morts, les poux, les ordres et les contre-ordres, le bruit incessant du canon. Certains de ses camarades se mutilent pour être déclarés inaptes au combat : on se tire une balle dans les deux doigts qui servent à tirer; cela Maryan ne le veut pas. D'autres se constituent volontairement prisonniers chez les Russes. D'autres ne reviennent pas de permission, mais le plus souvent la police militaire les retrouve chez eux ou dans les forêts où ils se cachent.

Difficile aussi de prendre le train pour partir à l'étranger : les trains s'arrêtent aux frontières et les voyageurs sont contrôlés. Seules circulent les marchandises...

« Seules circulent les marchandises... » Cette phrase qu'il a entendue dans un café du village lui revient à l'esprit en ce mardi 17 octobre. Demain, il doit repartir pour Budapest pour regagner le front. Il ne finit même pas son verre de bière, il rentre en courant à la maison et enlève littéralement son père de la table où il déjeune. Il le conduit vers son atelier de menuiserie. On les entend parler, puis crier :

— Mais, c'est de la folie !
— De toute façon, je ne repars plus !
— Je te répète : tu ne passeras pas la frontière !

Puis le ton baisse. On entend bientôt des coups de marteau, des grincements de scie. Et même des rires. Tous deux reviennent dans la soirée vers la salle commune. Ils se tiennent par les épaules : « Venez voir le wagon-couchette de Monsieur Maryan ! »

On descend à l'atelier et, là, on découvre une des énormes armoires de la famille, ouverte. Mais tout est changé à l'intérieur : plus de tiroirs, plus d'étagères. Il y a maintenant un banc et des poignées. Sous le banc, on voit quelques provisions et de grosses réserves d'eau...

Les deux armoires

« Les voyageurs pour Venise... en voiture ! » Maryan, qui a été à Venise en voyage de noces 5 ans plus tôt, a pensé à expédier l'armoire (avec lui dedans) à l'adresse de la pension où il avait séjourné avec sa femme.

« Demain, papa charge l'armoire sur la charrette et m'envoie à la gare... »

Les protestations fusent : « et la frontière... et là-bas... tu seras déserteur... et après la guerre... »

Maryan balaie tout d'un geste : « C'est décidé ! »

Laissons-le rouler vers l'Italie et intéressons-nous à un autre soldat — français celui-là — qui, le même jour, connaît lui aussi une histoire d'armoire.

Chargé de défendre un village avec sa compagnie, il est rapidement dans une situation terrible : les Allemands contournent le village; de gros canons allemands bombardent les maisons et les Français sans arrêt. Notre homme, Lucien, est maintenant seul dans la maison qu'il « occupe » : une épicerie; ses deux compagnons sont morts. Le toit s'est déjà effondré et, avec lui, les plafonds des deux étages supérieurs.

Lucien s'est abrité derrière le comptoir de l'épicerie. Précédée par un souffle violent, une énorme bombe touche la maison. Une vibration, un nuage de poussière, une douleur dans la jambe... Lucien se sent tomber et il perd connaissance.

Quand il revient à lui, il comprend d'abord — et c'est l'essentiel — qu'il n'a pas de blessure sérieuse. Puis il analyse sa situation. Le plancher de l'épicerie s'est effondré. Protégé par le comptoir, Lucien est tombé dans la cave, où il a défoncé le « toit » d'une grosse armoire dans laquelle il se trouve maintenant

Les deux armoires

Les deux armoires

prisonnier. Au-dessus de lui : trois étages de décombres. Il aperçoit un peu de ciel entre les pierres et les poutres. Lucien ne peut pas bouger. Personne ne peut l'entendre dans cette véritable grotte. Il sent de l'humidité à ses pieds : dans le bombardement, les canalisations d'eau ont éclaté et voilà un véritable ruisseau à ses pieds. L'armoire est énorme et constitue une « chambre » fort satisfaisante. Mais elle est aux trois quarts remplie de cartons.

Dans la pâle clarté qui descend au travers des décombres, il peut voir les dessins sur ces cartons : une sorte d'ange qui souffle dans une longue trompette et qui vole au-dessus d'une ville. Au premier plan de cette ville, une grande usine composée de dizaines de bâtiments et dominée par deux phares dont les lumières illuminent la ville. Il reconnaît ce dessin qu'il a souvent vu chez sa grand-mère quand, le jeudi, elle lui offrait...

« Tiens, Lucien, un petit biscuit, un petit-beurre LU... »
...Eh, oui ! il ne rêve pas, il voit bien la marque des petits-beurres de sa grand-mère : BISCUITS LEFEVRE-UTILE. Il est tombé dans la réserve de biscuits de l'épicerie !

Donc, au même moment, nos deux amis, deux « ennemis », un Polonais et un Français, vivent dans une armoire !

Et ces deux armoires leur sauvent la vie !

Maryan a eu un peu peur à la frontière italienne quand des douaniers (ou des soldats ?) sont montés dans le wagon. L'un a voulu ouvrir l'armoire : « Mais non, ce n'est pas la peine, tu vois bien que c'est un meuble pour un hôtel de Venise » a dit un autre douanier.

A Venise Maryan a passé la fin de la guerre en travaillant comme menuisier... spécialiste des armoires.

Lucien est resté quatre mois dans son armoire à biscuits. Entre temps, le village est redevenu français. Les soldats français ont trouvé Lucien sain et sauf. Dernier petit détail : quand, après des heures d'effort, les soldats l'ont ramené à la surface... ils lui ont proposé... un petit biscuit !

4
Le combat des Trente

Dans un magnifique roman *A L'Ouest rien de nouveau* qui se déroule pendant la guerre 14–18, un jeune soldat allemand, face à l'horreur des combats, imagine une solution : « Si les chefs d'états désirent tant que cela la guerre, pourquoi pas un combat loyal entre eux dans un champ, quelque part ? »

Eh bien, un épisode presque semblable s'est passé en Bretagne pendant la guerre de Cent Ans.

A cette époque, la Bretagne est un royaume indépendant mais troublé par la guerre entre Anglais et Français. En plus, depuis 1341 se pose un problème de succession : le prince héritier est trop jeune pour régner et deux partis s'organisent pour prendre le pouvoir en Bretagne. L'un est soutenu par les Français, l'autre par les Anglais.

Il en résulte dix années de guerre civile à travers tout le pays et une misère effroyable spécialement pour les paysans. Leurs récoltes sont pillées et leurs maisons saccagées par les bandes de soldats. Tout commerce est impossible; les artisans ne peuvent plus travailler. La région centrale est spécialement touchée car, là, les deux camps sont face à face : les « Français » sont installés à Josselin dans le magnifique château de la famille Rohan. Ils sont commandés par Jean de

Beaumanoir; les « Anglais » sont installés à 12 kilomètres dans la petite ville de Ploërmel. Ils sont commandés par Bemborough.

Désir de mettre fin à la misère des paysans ? Idéal chevaleresque ? Beaumanoir décide d'aller trouver Bemborough à Ploërmel : « Messire, je vous propose une rencontre entre vos trente meilleurs chevaliers et nos trente meilleurs compagnons. Elle aura lieu le 26 mars, dix jours avant le dimanche de Pâques, sur la lande de la Mi-Voie à égale distance de nos deux villes au lever du soleil. A la fin du jour, nous compterons nos morts et nos blessés. Ainsi notre courage décidera du sort de la guerre. Il faut y mettre fin. »

Ce discours est traduit du breton en français puis en anglais. L'Anglais donne son accord à Beaumanoir. Il reste deux semaines aux deux camps pour se préparer. Les volontaires arrivent de tous côtés.

Et au matin du 26 mars, les deux troupes sont sur place. Il fait beau depuis plusieurs jours et, dans les rayons blancs du soleil levant, les armures et les drapeaux brillent magnifiquement. Mais il ne fait pas encore chaud et les haleines des chevaux et des hommes forment de petites taches de brouillard blanc. La rencontre a lieu sur un terrain relativement plat. Mais les arbres, les arbustes, les ajoncs (un mélange qu'on appelle « lande » en Bretagne) et les rochers sont un problème. Les chevaux sont bien vite abandonnés par les hommes.

On se bat donc à pied. Les haches, les épées, les masses d'armes hérissées de pointes frappent sur les boucliers avec des bruits sourds et pénètrent dans les chairs. Le sang vermeil colore le sol par endroits.

Le combat des Trente

Le combat des Trente

Malheur à l'homme qui se trouve seul face à plusieurs adversaires. Déjà quelques cadavres sont étendus ici et là. Les blessés supplient qu'on les achève.

Il est midi. Le combat continue par une forte chaleur surtout pour ces hommes lourdement couverts de leurs armures. Jean de Beaumanoir est blessé et demande à boire : « Bois ton sang, Beaumanoir, la soif te passera ! » Il se relève et reprend le combat.

Les ombres commencent à s'allonger dans la soirée. Il ne reste plus que quelques combattants dans chaque camp. C'est à ce moment que Bemborough est cloué au sol par un épieu dans la gorge. Sans chef, avec déjà huit autres compagnons morts et dix grièvement blessés, les héroïques chevaliers anglais se rendent aux ennemis français.

Tous, se soutenant les uns les autres, repartent vers Josselin face au soleil couchant dans une lumière rouge, puis brune et noire. Sur la lande de la Mi-Voie, deux moines récitent des prières près des morts. Les femmes commencent à soigner les blessés.

Pratiquement 650 ans plus tard, au bord de l'autoroute qui va vers Rennes, un obélisque et une croix rappellent aux voyageurs ce que l'on appelle aujourd'hui le combat des Trente.

5
Le poisson-miracle

A la fin de la guerre, en France comme en Angleterre, il est difficile de trouver à manger. Il y a toujours des cartes de rationnement. On fait ce qu'on peut : on va à la campagne chez des cousins agriculteurs qu'on avait « oubliés », on connaît un épicier qui accepte de vendre sans demander les fameux tickets... mais un peu plus cher « juste pour rendre service ». On connaît quelqu'un qui connaît quelqu'un qui sait où l'on peut trouver du beurre ou du sucre. On se raconte en riant ce dialogue :

— Dites ! du sucre en poudre — dix kilos — ça vous intéresse ?

— Oui !

— Et, dix kilos de sel fin ?

— Oui, évidemment ! Ce n'est pas trop cher ?

— Non, mais, il y a un petit problème : le sucre et le sel sont mélangés dans un sac...

C'est dans cette atmosphère difficile que se déroule cette histoire.

Mes parents habitent à cette époque près de la gare de notre petite ville, assez loin de la banque où mon père travaille. Un jeudi matin, un employé de la gare vient livrer une grosse caisse chez nous. Elle est pour nous et elle vient de Lorient, port de pêche situé à 50

Le poisson-miracle

kilomètres. L'expéditeur est un ancien réfugié : pendant la guerre, Lorient a été évacué à cause des bombardements et ce monsieur était notre voisin dans notre petite ville. Mes parents lui ont rendu quelques services. A la fin de la guerre, il repart à Lorient où il travaille au port de pêche. Alors, nous pensons que l'énorme poisson contenu dans la caisse — c'est un merlu de deux kilos — est un cadeau pour nous remercier.

Nous sommes cinq dans la famille et nous avons un solide appétit... Pourtant le fameux poisson nous fait trois repas — le dîner du jeudi et les deux repas du vendredi. Ma mère l'a préparé de plusieurs façons : chaud le premier jour et froid le lendemain avec mayonnaise, puis avec vinaigrette... le bouillon qui a servi à la cuisson fera une soupe.

Le vendredi soir, ma mère suggère à mon père :

— Il faudra remercier Monsieur G. Je lui écrirai ou bien, tu pourras lui téléphoner du bureau ? (A l'époque, il y a très peu de téléphones en France et, quand la famille a des messages à faire passer, c'est mon père qui le fait plus ou moins en cachette au bureau.)

— Oui, mais pas demain, tu sais que le samedi le patron vient faire son petit tour — ce n'est pas le moment de téléphoner.

Le « patron » de mon père est plus que son directeur, c'est le vrai patron : le propriétaire de la banque, le banquier qui a créé la banque privée où travaille mon père.

Le lendemain, effectivement, vers 9 heures 30, le « grand patron » vient saluer les employés de « sa » banque. Il termine sa tournée par le bureau de mon père : « Dites-donc, cher monsieur, vous avez dû recevoir chez vous un paquet pour moi : nous avons des invités demain au château et j'ai pensé que puisque vous habitez près de la gare, Monsieur G. de Lorient pourrait adresser le gros merlu chez vous... »

6
Le tambour Bara

Le 21 janvier 1793 à Paris, sur la « place de la Révolution », maintenant place de la Concorde, on exécute le roi Louis XVI; une foule immense crie sa haine puis sa joie de voir disparaître l'ancien roi de France, le traître.

Mais l'annonce de l'exécution du roi n'est pas accueillie partout avec la même joie. Ainsi, dans l'ouest de la France, la population rurale est depuis le début de la Révolution hostile à tout ce qui se passe à Paris. Les Bretons et les Vendéens qui habitent cette région sont farouchement religieux et royalistes. A Paris, on attaque les églises, on interdit la pratique de la religion. On dit aux paysans de devenir soldats dans l'armée des « Bleus », l'armée révolutionnaire... Mais les paysans bretons et vendéens refusent. Ils commencent à créer une armée de « Blancs » (le blanc est la couleur du roi). Alors, après l'exécution du roi, c'est la guerre civile entre les Bleus (révolutionnaires) et les Blancs (royalistes).

Les Blancs forment une redoutable armée. Commandés par des nobles et des paysans, bénis par leurs curés, soutenus par la population, ils sont armés de piques, de bâtons et, surtout, de redoutables fourches très longues. Ils font peur aux soldats bleus. Les Bleus sont aussi des gens du peuple, ils se battent partout contre « les ennemis de la Révolution » : aux frontières et à l'intérieur du pays. Il faut « vaincre ou mourir », les ennemis ont « un sang impur » qui doit « abreuver nos sillons » : ce sont les paroles des chants révolutionnaires.

Donc, comme dans toute guerre civile, on se bat avec la conviction d'avoir raison : aux cruautés des Bleus répondent celles des Blancs, appelés aussi Chouans.

Joseph Bara a seulement 10 ans quand commence la Révolution française en 1789. Joseph Bara ne « voit » pas l'aspect horrible de cette guerre. Pour lui, c'est une fête qui a commencé le 14 juillet 1789 avec l'attaque de la prison royale de la Bastille par le peuple de Paris. Joseph est là avec d'autres gamins de son village de Palaiseau. Il pousse les canons, il porte un bonnet rouge sur la tête, il chante, il danse. Et pour toutes les autres journées de batailles, pour les cérémonies, pour les exécutions des condamnés à mort, Joseph est toujours là... Un officier de l'armée révolutionnaire finit par le remarquer.

—Jeune citoyen, n'en as-tu pas assez des rues de Paris ? Ne veux-tu pas vivre une aventure et t'enrichir ? Viens avec nous dans l'armée de la Sambre et de la Meuse. Tu verras du pays !

—Mais, citoyen-officier, je suis trop jeune, je ne sais pas me servir d'un fusil !

—Tu n'auras pas de fusil, mais un tambour, tu marcheras devant le régiment que tu entraîneras vers la victoire contre les ennemis de la Grande Révolution.

Et c'est ainsi qu'en septembre 1792, Joseph Bara devient le tambour Bara. Il connaît toutes les grandes batailles. Il voit tomber à ses côtés des soldats français et ennemis et aussi d'autres jeunes garçons, tambours comme lui. Il échappe toujours à la mort; on a l'impression que les balles l'évitent. Il marche, il court pourtant en première ligne. Il se retourne pour entraîner derrière lui les soldats. Ses roulements de tambour donnent aux hommes comme une espèce de courage mécanique.

Quand son régiment est envoyé en Vendée, les soldats sont fatigués, mal nourris et certains d'entre eux qui sont d'origine paysanne ne comprennent pas. Ils ne comprennent pas pourquoi on les envoie se battre contre d'autres paysans. Et puis, c'est une curieuse région où il pleut toujours, où on se perd dans un labyrinthe de bois et de champs, où l'ennemi est insaisissable, invisible, sans uniforme, paysan le jour et soldat la nuit. Alors on brûle des villages entiers pour en chasser les hommes et pour punir ceux qui osent résister à la Révolution. Les Chouans sont prêts à mourir pour le roi... alors que le roi, lui, est déjà mort.

Il y a très peu de véritables batailles mais plutôt des embuscades, et les régiments sont divisés en petits groupes. Bara ne se sert plus beaucoup de son tambour. Il remplit un rôle d'éclaireur. Petit, il peut se glisser à travers les haies et les buissons; rapide, il peut s'enfuir et porter des messages; courageux, il n'hésite pas à prendre des risques considérables.

En octobre 93, son régiment est dans la région de Cholet, en plein cœur de la Vendée. Comme d'habitude ce sont de petits combats jamais gagnés, jamais perdus, toujours recommencés. Ce soir, on encercle un petit hameau au bord d'une rivière. Joseph part en avant pour voir si les ennemis sont encore dans ce village. Il

Le tambour Bara

entend seulement le vent et des cris de chouettes; les Chouans ont choisi depuis longtemps le hululement de cet oiseau de nuit pour communiquer entre eux. Les maisons semblent vides. Joseph s'enfonce dans les ruelles. Soudain, derrière une grange, il est saisi par des bras puissants. Une main se pose sur sa bouche. Il ne peut pas crier. On l'entraîne à toute vitesse vers les marais voisins.

Après une longue course silencieuse, on s'arrête dans un abri de chasseur au cœur du marais. Ses ravisseurs lancent quelques hululements de chouette. Quelques minutes plus tard, d'autres Chouans arrivent.

On lui demande des renseignements sur l'emplacement des armées bleues, sur les noms des officiers, sur les projets de son régiment. Devant son silence, on l'attache... et on revient, plus menaçants que jamais : « Le saint tribunal du marquis de Charette, au nom de sa majesté le Dauphin, fils de notre roi Sa Majesté Louis XVI assassiné à Paris par tes amis, te condamne à mort. Mais, parce que tu es jeune, nous te laisserons la vie sauve... seulement si tu cries : « Vive le Roi ! » »

Joseph Bara, le Bleu, fixe tranquillement des yeux le Chouan qui vient de lire son verdict et, de toutes ses forces, il crie : « VIVE LA RÉPUBLIQUE ! »

Il est immédiatement déchiqueté par les fourches et les baïonnettes.

7
Il était dans mon village

La « soule » se joue avec une grosse pierre ronde à la place de la balle. Le nombre des joueurs est variable puisque ce sont deux villages qui s'opposent. Parfois, il y a plusieurs centaines de joueurs dans chaque camp des hommes. Le rôle des femmes est tout petit : elles interviennent seulement pour cacher la « balle » ou pour protéger un joueur menacé par des adversaires...

Les limites du terrain sont également approximatives : ce sont celles des deux villages rivaux (on dit « paroisses », ce qui est la désignation religieuse de ces villages). D'ailleurs, le « combat » a un aspect religieux. En effet, avant l'ouverture des hostilités, chaque curé bénit son équipe; chaque camp est aussi placé sous la protection du saint ou de la sainte de la paroisse. On peut suivre les chemins et les routes, mais il est préférable, pour ne pas être vu par l'équipe adverse, de passer à travers les bois et les champs. Certains joueurs suivent ou traversent les rivières.

La durée de la partie n'est pas fixée. C'est le but qui est important : il faut ramener la « balle-pierre » dans son propre village, sur la place de l'église. A ce moment seulement, la partie est finie. Dans la région de Rostrenen au centre même de la Bretagne une partie a duré trois jours complets ! Les agriculteurs ont parfois

Il était dans mon village

repris les travaux des champs pendant que d'autres finissaient la partie.

L'équipement des joueurs est le vêtement de tous les jours : la chemise de grosse toile de lin, le large pantalon blanc (le « bragou braz »), des bas dans les sabots. On prend les sabots parfois à la main pour courir plus vite mais on les remet pour traverser les buissons et les

Il était dans mon village

landes. On garde son grand chapeau à large bord décoré de rubans de couleurs. Mais, bien souvent, on le perd...

On le perd pendant ce jeu violent. Les règles ne sont pas définies pour la soule en matière de violence : il y a simplement un « juge » dans chaque paroisse, près de l'église, pour déterminer si, vraiment, la « balle » a été déposée au but.

Ce matin 6 mai 1792, après la messe du dimanche, une partie va commencer entre les deux paroisses de Pontivy et de Stival. Elles sont distantes de 4 kilomètres (d'un clocher à l'autre), traversées par une large rivière, le Blavet. Les habitants de Pontivy sont appelés les Moutons Blancs car ils portent une veste blanche en laine de mouton; leur chapeau est en velours noir avec une large bande de soie, noire également, qui entoure le chapeau avant de descendre longuement sur le dos de l'homme. Les Pontivyens sont fiers de cette tenue et se moquent de celle des habitants de Stival, bien plus modeste. Chaque équipe arrive vers le lieu du début du « match » en procession avec des bannières religieuses. Celle de Stival représente un saint d'origine irlandaise, Molvan. La bannière de Pontivy porte l'image de la Vierge Marie. On chante en breton, la seule langue vraiment parlée dans ce centre de la Bretagne.

La partie s'engage au pied du château de Kervenoël, dans une petite prairie rigoureusement à mi-distance des deux clochers. C'est le marquis de Kervenoël (qui possède des terres dans les deux paroisses) qui lance la balle vers les joueurs. Les deux camps se regroupent et se tiennent par les épaules pour repousser les adversaires. Finalement, sortant d'entre la masse des jambes, un petit Pontivyen, Yves Le Bail, se glisse hors de la mêlée avec, sous le bras, la pierre. Cinq amis l'entourent. Une vingtaine d'adversaires le poursuivent. Yves disparaît dans le bois voisin.

Les tactiques sont en place. Elles peuvent paraître bizarres. Chez les gens de Stival, on ne poursuit plus celui qui a la balle et l'on se dirige... vers le camp adverse, vers Pontivy, pour empêcher Yves Le Bail d'y arriver. D'ailleurs, de nombreux Pontivyens partent vers le village adverse pour occuper les lieux. Durant toute la journée on voit passer des groupes qui se poursuivent, on ne sait plus où est la pierre. On se bat ici et là, on se jette même à l'eau. Les plus âgés choisissent des points stratégiques pour arrêter un adversaire d'un coup de bâton. D'autres préfèrent les auberges où on boit des pichets de cidre frais... avec partenaires et adversaires.

Vers 4 heures de l'après-midi, la balle est entre les mains de Jakez Bieuzen, pour le camp de Stival. Sa veste est toute déchirée. Il court en boîtant vers son village, mais il n'a que trois compagnons... ce n'est pas assez pour franchir le pont de Tréleau où l'attendent une vingtaine de robustes Pontivyens. Les quatre Stivalois sont jetés à la rivière, la balle est récupérée et les Pontivyens ne cherchent absolument pas à aller vers chez eux. Bien au contraire : ils s'enfoncent dans les bois de Kermarrec. Ils se cachent dans les jeunes feuillages vert tendre de ce mois de mai. Personne ne les poursuit. Au contraire, d'autres Pontivyens viennent les rejoindre; le bois de Kermarrec devient « chasse gardée ». De temps à autre, des groupes en sortent en courant vers Pontivy en simulant une attaque décisive. En réalité, ils n'ont pas la balle avec eux mais ils obligent les Stivalois à se disperser pour garder toutes les entrées dans Pontivy.

Quand la nuit tombe, c'est un véritable ballet de lumières qui emplit la campagne et les rues des villages : tous les participants ont des lanternes. Certains rentrent dormir chez eux, ou chez des amis; d'autres s'endorment près d'un arbre ou d'un mur. Les chiens aboient. On croit à une victoire des Pontivyens lorsqu'un de leurs groupes atteint leur église... mais sans la balle...

Toute la journée du lendemain, sous une pluie fine, c'est toujours la même incertitude. La balle change plusieurs fois de mains. Mais on n'arrive jamais à l'ultime but...

Soudain, vers 7 heures du soir (l'angélus vient de tinter dans les deux villages), les Pontivyens, une fois de plus en possession de la balle-pierre, semblent lancer l'offensive décisive. Ils sont plus de 50, les plus robustes, sales après une nuit et une journée dans la boue, mal rasés, certains ivres. Il n'est plus question de tactique, de finesse : ils sont soudés en un bloc compact, comme des soldats romains. La balle est entre les mains d'un vieillard au centre du carré et il la brandit fièrement. Devant et sur les côtés de ce carré, à coup de pied et de poing, on écarte les adversaires (aussi sales et aussi fatigués). On chante le cantique de la veille, accompagnés par une cornemuse; les femmes de Pontivy, à leurs fenêtres, encouragent ce dernier effort. On arrive ainsi sur la place de l'église. Un dernier rempart de Stivalois se dresse devant les attaquants. Le carré éclate. Un jeune Pontivyen, gardé en réserve, prend la balle dans les mains du vieillard et fonce vers le porche de l'église. C'est la dernière mêlée. C'est atroce.

Au même moment deux cris énormes emplissent la

place. Un cri de victoire car la balle est effectivement posée à la porte de l'église aux pieds du juge... Et un cri de douleur qui vient du lieu du dernier combat : le jeune Jakez Bieuzen, un des héros stivalois de la veille, s'enfuit le visage en sang; dans le combat il a perdu l'œil droit !

Au juge qui interrogeait le coupable Pontivyen de cette horreur, il fut répondu : « Mais, Monsieur le juge, c'est normal : Jakez était dans mon village... »

8
Un drôle de président

Curieux destin que celui de Paul Deschanel : études brillantes, écrivain de qualité (il est élu à l'Académie française — qui réunit les 40 meilleurs écrivains français — à l'âge de 44 ans), carrière politique sans problème, pour finalement arriver à la présidence de la République le 18 janvier 1920. A l'époque, en France, les présidents ne sont pas élus au suffrage universel mais par l'ensemble des députés et sénateurs : tous ces personnages sérieux ont sûrement choisi un président de haute qualité...

Et, pourtant... Pourtant, dès son installation au palais de l'Élysée, Paul Deschanel intrigue son entourage. Par exemple, ne supportant pas les policiers qui garantissent sa sécurité, il part seul dans Paris, en secret, faire de très longues promenades. Pendant les déplacements officiels, à Bordeaux ou à Toulouse, il quitte le cortège pour aller embrasser un ancien combattant, pour caresser un enfant ou pour serrer la main à une admiratrice. C'est lui qui invente les « bains de foule »...

A Nice, en avril, il prononce un discours politique; les auditeurs applaudissent un passage de ce discours, il réagit alors comme une vedette de théâtre ou de music-hall : il répète toute la partie du discours qui

Un drôle de président

vient d'être applaudie. A Cannes, il quitte un repas officiel avant la fin disant qu'on l'attend à Monaco. A Menton, où il est de coutume de jeter des fleurs aux gens que l'on veut honorer, le président Deschanel ramasse sur le sol boueux les fleurs qu'il a reçues et les relance en direction de la foule tout en lui adressant des baisers de la main.

Le 23 mai notre curieux président prend le train pour aller inaugurer un monument dans une petite ville du centre de la France. A 5 heures du matin, un message téléphoné arrive dans une petite gare où le train s'est arrêté. On apprend qu'un individu est tombé du convoi présidentiel. A 5 heures 45, nouveau message : « Ce voyageur tombé prétend être le président de la République... » On vérifie partout... sauf dans le

Un drôle de président

compartiment présidentiel. Mais à 7 heures 45, le train arrive à destination : Monsieur Deschanel a disparu !

Il est effectivement tombé du train deux heures plus tôt. En se réveillant, il a ouvert la fenêtre de son compartiment, il a perdu l'équilibre et il est tombé sur la voie. Heureusement, à ce moment, le train ne va pas vite. Le président n'a que quelques petites blessures superficielles. Et voilà, en pleine nuit, notre président qui s'en va à pied le long de la voie ferrée. Il marche deux heures avant de rencontrer un employé très surpris de voir un monsieur vêtu d'un élégant pyjama, et encore plus surpris quand ce monsieur déclare : « Je suis le président de la République ! »

On le conduit dans une petite gare où bien vite les gendarmes le reconnaissent; l'un d'entre eux précisant :

« Je pensais bien que c'était quelqu'un d'important parce qu'il avait les pieds propres. »

Les journaux s'amusent de la mésaventure et on caricature toujours le président vêtu de son pyjama. Mais les milieux officiels s'inquiètent de la santé mentale du premier personnage de l'État. Paul Deschanel devient de plus en plus bizarre : dans le parc du palais de l'Élysée, un beau jour, il se met à grimper aux arbres; une autre fois il plonge dans le bassin de ce même parc...

Finalement, on comprend la gravité de son état mental quand il signe une lettre officielle « Napoléon ». Le président doit démissionner. Il se retire dans une maison de repos... et revient à la vie politique trois mois et demi après : il est élu sénateur.

Et, tout bêtement, il meurt l'année suivante d'une maladie pulmonaire...

9
Un bandit d'honneur

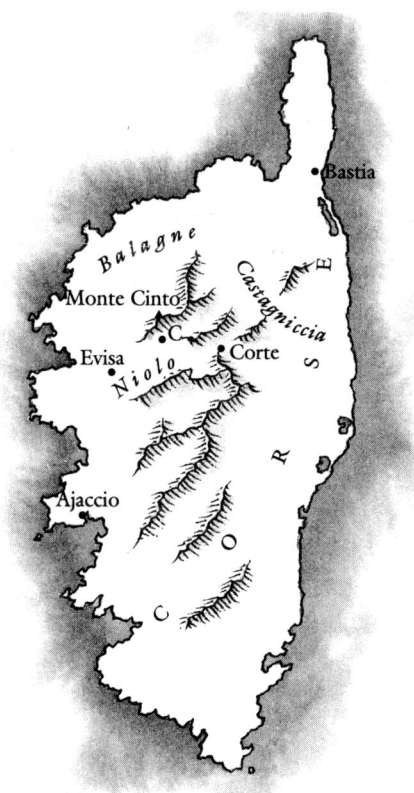

Mer Mediterranée

Un bandit d'honneur

« Au nom de la loi ! Dominique Mucchieli, je t'arrête pour désertion et refus de servir dans l'armée impériale. »

Le gendarme Ferchi a pris ses précautions car on sait que Dominique sait frapper des pieds et des poings, qu'il court vite et que c'est le meilleur tireur de la Castagniccia. Il est donc venu au village de C. au pied du Monte Cinto avec trois autres gendarmes pour procéder à l'arrestation du « déserteur » Mucchieli. Il

Un bandit d'honneur

fait froid malgré le beau soleil de ce matin du 6 octobre 1863 car on est à 1 250 mètres d'altitude ; les premières neiges couvrent déjà les montagnes voisines.

« Déserteur, moi ? Je ne suis même pas soldat, comment est-ce que j'aurais pu déserter ? » Dominique s'adresse à ce gendarme de Nice en dialecte corse pour bien lui montrer qu'ici, en Corse, les gens du continent ne sont que des « estrangers », des étrangers. Mais le gendarme comprend : il travaille ici, en Corse, depuis six ans.

« Gendarmes, saisissez cet homme ! » Après une lutte courte mais violente, Dominique est capturé, enchaîné aux bras et aux jambes. Deux gendarmes sont blessés et saignent abondamment. Les gens du village sont tous sortis, les gendarmes braquent leurs fusils vers les maisons pour protéger la sortie du groupe. Les enfants jettent des pierres, les femmes maudissent les gendarmes, les hommes serrent les poings. Dominique a le visage levé vers la dernière maison du village : il cherche une silhouette, celle de Paola qui lui fait, de sa fenêtre, un signe de la main.

« Paola ! Attends-moi, je reviendrai et je t'épouserai ! » Et, soudain, Dominique comprend tout : il vient de croiser le regard du gendarme Ferchi qui, lui aussi, fixe Paola avec passion. Il comprend que toute cette histoire d'arrestation s'explique par la jalousie : Ferchi veut lui prendre Paola, voilà pourquoi il vient sans arrêt au village depuis des mois. « Et toi, Ferchi, je te tuerai... »

Il faut la journée entière pour descendre jusqu'à Evisa. Les gendarmes sont à cheval, mais Dominique est à pied et doit suivre. Il tombe souvent sur le chemin caillouteux. Le soir, il dort à la prison d'Evisa. Le lendemain, le commissaire de police lui précise les motifs de son arrestation.

— Dominique Mucchieli, berger de son état, doit faire son service militaire. Une lettre a été préparée pour annoncer à Dominique Mucchieli la date de sa mobilisation. Il y a six semaines, le gendarme Ferchi ici présent a apporté la lettre à Dominique Mucchieli.

— C'est faux, hurle Dominique.

— Dominique Mucchieli est donc, poursuit le commissaire, considéré comme déserteur puisqu'il ne s'est pas présenté à la caserne d'Ajaccio à la date du 1er octobre. En conséquence, il devra faire dix années de bataillon disciplinaire en Afrique au camp de Tatahouine. Le soldat Mucchieli Dominique doit être transféré immédiatement vers Ajaccio où il sera embarqué pour la Tunisie dans les meilleurs délais.

— Menteurs, salauds !

Quatre jours plus tard le fourgon cellulaire s'arrête sur les quais du port d'Ajaccio. Il fait nuit noire. Le long du quai attend un canot qui doit conduire le condamné jusqu'au gros voilier amarré dans le port. Depuis quatre jours, Mucchieli, désespéré, ne parle plus. Entre deux gendarmes, il monte à bord du canot.

Les marins rament en silence, et le canot s'enfonce dans l'obscurité. Le gendarme Ferchi, resté sur le quai, voit le canot disparaître. Après quelques minutes, il entend des cris, des bruits de chute dans l'eau et des coups de feu...

Dominique a longuement nagé d'abord sous l'eau puis en surface au milieu des petits bateaux de pêche. Il est déjà dans les ruelles du quartier du port quand les soldats appelés par Ferchi courent vers les quais. Il entend : « De toute façon, il a dû se noyer... »

Un bandit d'honneur

Le Patriote Corse *12 octobre 1863*

Noyade ou évasion ?

Le déserteur Dominique Mucchieli s'est-il noyé hier soir dans le port d'Ajaccio en sautant du canot qui le conduisait vers le navire impérial *Princesse Eugénie* ?

Le Patriote Corse *23 octobre 1863*

La gendarmerie d'Evisa
détruite par une explosion.

Extrait du registre paroissial de C.

Moi, Napoléon Muti, curé de ce village, déclare avoir uni ce 13 novembre 1863 par les liens sacrés du mariage à minuit et demi Dominique Mucchieli et Paola Biaggi.

Le Patriote Corse *12 décembre 1863*

On signale plusieurs attaques contre des banques dans le nord de l'île ces jours derniers. Le gendarme Ferchi nommé récemment brigadier dirige une expédition dans la région de la Balagne et du Niolo. Il nous a dit qu'il connaît l'auteur de ces agressions, un certain Mucchieli mentionné dans notre édition du 12 octobre.

Un bandit d'honneur

Le Petit Parisien

GUERRE CIVILE EN CORSE DU NORD

le 23 février 1864, de notre envoyé spécial.

Pas moins de 500 gendarmes examinent le massif de la Castagniccia où il y a, d'après la gendarmerie, plusieurs centaines de bandits. A leur tête un déserteur, Mucchieli, qui dirige cette armée, qui ramasse des impôts dans la région et interdit toute circulation.

Les bandits ont capturé les gendarmes ! Puis ils ont obligé les gendarmes à rentrer dans la ville de Corte sans pantalon et à crier : « Nous sommes des menteurs, Mucchieli n'est pas un déserteur. » Sa Majesté l'Empereur a été avertie de ces événements.

Extrait du registre paroissial de C.

Moi, Napoléon Muti, curé de ce village, déclare avoir baptisé ce 13 août 1864, Dominique-Paolo Mucchieli, fils de Dominique — absent au baptême — et de sa femme Paola.

Le Patriote Corse   *14 août 1864*

Curieux baptême
Pas de père à la cérémonie mais 800 gendarmes encerclent l'église

Cette série d'articles de journaux et d'extraits de registre paroissial (trois autres baptêmes en six ans) pourrait se prolonger pendant vingt années. Jamais un seul mort côté des gendarmes. Quelques arrestations et condamnations à mort côté des « bandits ».

Dominique a maintenant 42 ans, une grande barbe grise, et il contrôle un bon tiers de la Corse. Napoléon III n'est plus empereur mais la République ne veut pas rendre à Dominique l'honneur qu'il a perdu. Le 6 octobre, date-anniversaire de son arrestation, il écrit aux journaux, au préfet, au député, au président de la République pour qu'on lui rende son honneur.

Voulant vivre la fin de ses jours auprès de sa femme, il décide une ultime action. Il procède avec ses amis bandits à « l'arrestation » de Ferchi, devenu colonel de gendarmerie. Dans la forêt on lui fait un procès; on le condamne à avouer sa faute. Ferchi écrit donc sa confession.

« C'est vrai, j'ai volontairement « oublié » d'avertir Mucchieli. Je n'ai jamais donné la lettre du service militaire. Mucchieli devenait donc déserteur et, ainsi, je lui prenais sa fiancée Paola. »

Ferchi signe et s'engage à venir lire ce texte en public sur la place Napoléon à Ajaccio le 15 août 1883 en présence de Dominique Mucchieli.

Ce 15 août, anniversaire de la naissance de Napoléon, devant toutes les autorités civiles, militaires et religieuses, à midi, Ferchi lit le « jugement », se dirige vers Mucchieli, sa femme et ses quatre fils. Lorsque Ferchi arrive à deux mètres d'eux, il plonge brusquement sur le côté... Des toits entourant la place, des centaines de soldats tirent ensemble sur Mucchieli qui, transpercé de balles, a le temps de dire à Paola : « Attends-moi... »

10
Un « roi »

On raconte souvent cette histoire — vraie ou fausse — d'un homme qui trouve par terre une épingle, qui la vend, qui utilise l'argent de cette vente pour acheter deux épingles... et se trouve rapidement à la tête du plus grand magasin de Paris. On situe cette histoire à la fin du XIXème siècle; il est vrai qu'à cette époque, les fortunes se sont faites de façon spectaculaire. Voici l'histoire de celui que dans tous les pays on appelle le « self-made-man » par excellence : Andrew Carnegie.

Il naît à Dunfermline au nord d'Édimbourg en 1835. Son père est tisserand. L'installation des premiers métiers à tisser mécaniques ruine le père Carnegie; on ne mange pas tous les jours. C'est le jeune Andrew qui n'a pourtant que 12 ans qui pousse le père à tenter sa chance en Amérique :

— Père, tu te souviens de Paul Sullivan qui est parti à New York il y a deux ans? Eh bien, sa sœur m'a dit qu'il est boulanger, qu'il est riche et que toute la famille va partir le rejoindre là-bas... Faisons la même chose.

— Je suis trop vieux, trop pauvre!

— J'irai avec toi. Maman et mes trois sœurs iront chez Tante Adeline à Inverness.

On vend les rares meubles que l'on possède. On part

Un « roi »

d'abord à Liverpool où on achète les billets de bateau. C'est le grand départ.

La traversée est épouvantable dans la cale du navire : tempêtes, malades, cris; des voleurs trouvent les dernières économies dans la doublure de la veste d'Andrew... C'est donc dans un triste état que l'on débarque à Ellis Island devant New York.

On ne reste pas dans cette trop grande ville et l'on part à Pittsburgh en Pennsylvanie. On trouve du travail : le fils dans une aciérie où il met du charbon dans une chaudière 12 heures par jour, le père dans une filature : « C'est trop dur pour toi, mon fils. Tente ta chance ailleurs, cette ville est « méchante »... »

Andrew quitte Pittsburgh. Il va souvent changer de travail. Quelquefois il fait deux métiers à la fois. Il faut économiser : chaque dollar est mis de côté dans une boîte à cigares.

Il revient souvent à Pittsburgh pour voir son père et il voyage toujours en train. Il devient porteur de dépêches. A la gare de Philadelphie, il rencontre un jeune télégraphiste écossais. Avec lui, il apprend le morse et devient télégraphiste au service des chemins de fer. Il passe des heures et des heures dans le train la nuit, mais il ne peut pas dormir sur de dures banquettes de bois...

Il devient responsable du service des communications dans sa compagnie de chemin de fer et il achète avec sa paye des actions de cette compagnie quand elles ne sont pas chères. Il gagne aussi de plus en plus d'argent grâce à son travail. Sa mère peut ainsi venir rejoindre son père à Pittsburgh (il va mourir deux ans plus tard).

Il a 26 ans quand la guerre de Sécession éclate en

Un « roi »

1861. Elle va être pour lui l'occasion d'asseoir sa fortune et sa puissance. Il comprend l'importance du train pour le déplacement des soldats. Il encourage la compagnie à organiser les transports de troupes... Les actionnaires de la Compagnie des chemins de fer de Pennsylvanie lui offrent la place de directeur.

Il se rappelle alors ses nuits de voyage dans le train. Il décide de mettre des lits dans les trains de sa compagnie. Il a beaucoup d'actions à la Société Pullman. C'est donc Pullman qui va installer les wagons-lits. Ainsi, en 1865, après la guerre, il est à la tête des chemins de fer les plus modernes des USA.

Il abandonne les trains et s'occupe maintenant de l'industrie du fer. Il exerce progressivement un monopole sur cette industrie. D'abord on fabrique des rails

Un « roi »

et des locomotives, puis des ponts métalliques. Mais c'est à d'autres sociétés qu'il achète la matière première (la fonte et l'acier). Ça ne lui plaît pas. Alors il décide de fabriquer lui-même ces matières premières. Et dans cette Pennsylvanie où il avait commencé sa carrière américaine, il construit des hauts-fourneaux, des laminoirs, des tréfileries avec les techniques les plus modernes. Il achète les petites compagnies autour de lui. Il constitue un véritable trust : la Carnegie Steel Company of New Jersey.

Maintenant, ce n'est plus dollar par dollar qu'il économise. La boîte à cigares de sa jeunesse est loin, mais elle est à l'honneur sur son bureau. Il possède des millions de dollars. Il achète toujours des actions, mais maintenant en quantité énorme. Les premières lois anti-trusts le gênent un peu dans sa course vers le monopole américain de l'acier, mais il arrive à contourner ces lois.

En 1900, dans la seule Carnegie Steel Company, il dispose d'un capital de 320 millions de dollars. Comme une espèce de sommet de sa carrière, il fait construire à New York un véritable temple à la gloire de l'acier, une salle de spectacle : le Carnegie Hall où viennent et viendront chanter toutes les vedettes mondiales du music-hall.

Puis, en 1901, à 65 ans, il se retire des affaires, vend (on peut le supposer avec profit) sa société à un autre milliardaire : J. P. Morgan. Dès lors, il décide d'encourager le bien et la paix dans le monde. Il sait que très souvent, l'acier qu'il a fabriqué a servi à faire la guerre : il fait donc ce qu'il peut pour sauver la paix. Il sait ce qu'est la pauvreté et il aide les jeunes gens défavorisés — et entreprenants comme lui — à se « lancer » dans la vie. Il multiplie les fondations et les donations : bibliothèques et instituts qui doivent porter son nom.

Mégalomanie ? Souvenir du nom de ce vieux tisserand, son père, qui vint avec lui tenter l'aventure américaine ?

Andrew Carnegie est mort en 1929.

11
Les cheveux de Monique

Cette histoire est courte, elle n'en est pas moins vraie.

Elle se déroule comme quelques autres pendant la guerre 14-18, plus précisément sur ce qu'on appelle le front d'Orient. Ne réussissant pas à faire une percée décisive sur le front ouest en France ou en Belgique, les Alliés franco-anglais décident d'organiser un débarquement en Méditerranée orientale du côté de la Grèce. Il faut surprendre les Autrichiens. Il faut soulager nos alliés russes. Il faut aussi délivrer nos amis serbes.

Je ne sais pas si ces savants calculs stratégiques sont présents dans les esprits des marins bretons embarqués sur le *Commandant Chanzy*. Le navire a quitté Toulon quatre jours plus tôt. Il est en vue du port de Salonique en Grèce. Nous sommes en septembre 1915. Le soleil et l'eau magnifiquement bleue inciteraient plutôt à un bon bain qu'à faire la guerre. Mais c'est comme ça, on n'est pas là pour comprendre et encore moins pour discuter les ordres. On est mieux là qu'en Flandre où les fusiliers-marins tombent par milliers depuis le début de cette sacrée guerre.

C'est ce que dit le matelot Jean-Jacques Le Bourhis de Clohars-Carnoët à son collègue Norbert Mélennec du Guilvinec. Jean-Jacques vient d'épouser Monique,

Les cheveux de Monique

sa promise, à l'église de Clohars. Dans son portefeuille, il a la photo du mariage avec toute la famille et les amis groupés devant l'auberge *Chez Mélanie*. C'est Monique que Jean-Jacques regarde sur la photo des Studios Le Guernevé à Lorient, sa Monique avec sa magnifique coiffe de cornouaillaise ornée d'une guirlande de fleurs d'oranger. Ils ont mis la couronne dans un grand globe en verre, sur la commode de la chambre. Qu'elle est belle sa Monique ! Il lui a promis de revenir et il a ajouté, très sérieux : « Tu sais, Monique, ce que je promets, je le fais. »

Il l'a serrée longuement dans ses bras, a pris son lourd sac de toile sur l'épaule droite et est monté dans le car Le Gourriérec pour aller jusqu'à Lorient rejoindre son régiment.

Et les voilà presque en Asie, très loin de la Bretagne !

On dit au commandant du navire de se méfier des sous-marins allemands qui infestent la zone... Mais que faire contre ces pirates allemands ? Surveiller pour trouver les périscopes ? Et les torpilles ? Quand on voit le sillage d'une torpille, c'est déjà trop tard...

« Torpille à babord... » hurle la vigie. « Stoppez les machines ! » « Arrière toute... »

Trop tard ! La torpille frappe le *Commandant Chanzy* de plein fouet. Il se coupe littéralement en deux. C'est par paquets que les hommes tombent à la mer. Dans la salle des machines les hommes restent prisonniers...

Tous les maires de France doivent se livrer à une sombre cérémonie depuis le début de cette guerre : prévenir les familles des morts et disparus. Pour le maire de Clohars c'est la 48ème triste formalité en un an.

Les cheveux de Monique

Celle-ci est très dramatique. Voici quelques semaines il a marié ce jeune couple qu'il connaît très bien comme tous les habitants de sa commune; mais cette fois, c'en est trop, la petite Monique est sa nièce préférée. Il est devant la petite maison que Monique et Jean-Jacques ont habitée quelques jours ensemble : c'est une petite maison de pêcheur dont Jean-Jacques a hérité. Elle est au fond d'une petite anse, face à la mer furieuse en ce soir d'octobre.

Il frappe très fort pour être entendu dans le fracas de la tempête. Monique vient lui ouvrir, comprend aussitôt, se jette dans les bras de son oncle en hurlant : « Il m'a dit qu'il reviendrait! Le menteur! » Elle ne pleure pas.

Et, soudain, cela ne s'invente pas, et le maire de Clohars pourra vous le confirmer, soudain, ses magnifiques cheveux bruns deviennent tout blancs...

Jean-Jacques est sur le pont, en train de bavarder avec Norbert quand la torpille touche le bateau. Sous le choc et la surprise, Norbert et Jean-Jacques se retrouvent dans l'eau.

— C'est une torpille, salauds de Boches!
— Enlève tes chaussures et viens avec moi, il ne faut pas rester dans les remous du bateau qui va couler.

Ils nagent le plus vite possible vers une porte de bois qui flotte à quelques dizaines de mètres et s'y agrippent. Elle n'est pas assez épaisse pour y monter mais elle permet de flotter. Ils appellent quelques copains qui nagent ici et là. Ceux-ci, blessés ou brûlés, n'ont plus de force. Ils coulent. Le navire à son tour coule à pic dans des remous verdâtres et huileux.

Tout à coup le sous-marin allemand est arrivé à la

Les cheveux de Monique

surface comme pour venir contempler son œuvre. Sur les épaves, les survivants sont en colère. Norbert crie à nouveau : « Tas de salauds ! »

Petit à petit, les vagues et le courant séparent les survivants. La nuit commence à tomber. Norbert est très vite fatigué, il se plaint du froid, commence à délirer : il chante en breton des cantiques de son pays. Jean-Jacques le soutient, le rassure : « Les secours vont arriver... » Il n'y croit pas trop; les courants sont très forts. On doit penser qu'ils sont tous morts.

Jean-Jacques arrive vaguement à dormir, la tête sur la porte-épave. Quand il sort d'un de ces sommeils profonds et brefs, il a la surprise de ne plus voir Norbert à ses côtés. Malgré l'obscurité, il plonge à plusieurs reprises pour repêcher Norbert. Rien ! Il revient vers la porte flottante.

Quatre jours plus tard, sur la côte près de Salonique, un régiment de marins de Lorient marche au pas, au retour d'une manœuvre. A sa tête, un quartier-maître, Jules Le Flohic de Moëlan-sur-mer, commune voisine de Clohars. Devant lui, sur la plage, il distingue une forme sombre allongée. Il quitte sa formation, court vers le naufragé (aucun survivant n'a jusqu'ici été retrouvé après le torpillage du *Chanzy*), le retourne, voit qu'il vit... et reconnaît Jean-Jacques Le Bourhis : « Alors Jean-Jacques ! Qu'est-ce que tu fais là avec ta porte ? Tu attends qu'on t'ouvre ? »

L'histoire ne dit pas si Monique a retrouvé sa belle chevelure brune quand on l'a prévenue que Jean-Jacques avait tenu sa promesse et qu'il revenait.

12
Une rencontre-surprise

L'ailier gauche de l'équipe de Pontivy évite deux joueurs de l'équipe de Quimper, passe le ballon à un partenaire, court vers le but adverse, retrouve le ballon et, à 20 mètres de la ligne, « fusille » littéralement le gardien.

Le match a lieu à Quimper. C'est donc la stupeur

Une rencontre-surprise

chez les supporters de l'équipe locale. Au contraire pour les rares Pontivyens qui ont fait près de 100 kilomètres pour aller à Quimper (une distance importante en 1950), c'est la joie car Quimper est le « leader » du championnat.

Un petit homme de Pontivy se réjouit. Il applaudit et crie plus longuement que les autres... tant et si bien qu'un de ses voisins — visiblement quimpérois — le regarde fixement et sans grande sympathie; le petit homme s'aperçoit qu'on le regarde. Il décide de crier moins fort et regarde son voisin.

Mais à la place d'une réaction hostile à laquelle il s'attend, il reçoit un sourire épanoui. L'autre lui tend la main et lui dit : « Alors, vieille fripouille de Pontivyen ! Comment vas-tu ? »

Une rencontre-surprise

Le petit homme reconnaît lui aussi son voisin « adversaire » : « Ça va, ça va même très bien quand mon équipe gagne et vient donner la leçon aux « minables » de Quimper... Tu as vu ce tir ? »

Ils se serrent longuement la main. Ils plaisantent sur la valeur respective de leurs joueurs. Mais ils ont déja l'œil fixé sur le terrain car le match a repris. A nouveau ce sont les jeunes Pontivyens qui occupent le camp quimpérois... et, de la tête cette fois, le même joueur « aggrave le score » comme on dit dans la presse sportive. De façon comique le petit homme « présente ses condoléances » à son voisin, propose quelques explications sur la technique du football pontivyen. L'autre répond qu'un match dure 90 minutes, qu'il en reste donc 60 à jouer. Le quart d'heure jusqu'à la mi-temps se passe sans nouveau but.

Il est une tradition en Bretagne pendant les rencontres sportives : c'est la « buvette », sorte de bar improvisé sous les tribunes ou dans un coin de la prairie qui sert de terrain. On sert des verres de vin rouge remplis à ras-bord et des bouteilles de bière. Et les spectateurs viennent boire à toute vitesse : la mi-temps ne dure que 15 minutes. Nos deux amis participent à cette « cérémonie » très sportive. On tient son verre à la main, on avance la lèvre supérieure pour « creuser » dans le verre qui doit rester horizontal, puis on vide « cul-sec ». Et on recommence ! On parle football évidemment, on crie car le haut-parleur déverse des flots de publicités locales; le Pontivyen entend cependant l'autre lui demander :

— Et ton prénom, c'est quoi ? Je ne m'en souviens plus.

— Marcel. Et toi ?

Une rencontre-surprise

—Paul...

Et vite, il faut courir vers la tribune car le match va reprendre. La pression pontivyenne est trop forte; progressivement, l'équipe de Pontivy occupe à nouveau le camp adverse : deux nouveaux buts pour Pontivy, la défense quimpéroise est en détresse. Finalement, tout le stade acclame Ferdinand Cadoux, l'auteur des quatre buts.

Paul lui-même admet sa défaite. Il applaudit les deux équipes rentrant au vestiaire. Marcel aussi heureux que s'il avait lui-même marqué les quatre buts propose à Paul d'« arroser » ça : « Bon ! Je t'offre le champagne mais pas ici, allons plutôt en ville, au café de l'Épée, de toute façon je dois y rejoindre ma femme. Et puis, il faut fêter nos retrouvailles... »

Paul est d'accord. Le terrain est situé sur une des collines qui dominent la ville de Quimper. On descend par des rues en pente et étroites, bordées de vieilles et belles maisons de granite et de bois. Les deux voitures se suivent sans difficulté jusqu'aux bords de l'Odet, magnifique rivière qui traverse Quimper au milieu de jardins fleuris de magnolias. On stationne facilement près du prestigieux café de l'Épée. Le décor est 1920, un orchestre composé de femmes crée une ambiance feutrée momentanément troublée par l'entrée des deux supporters qui parlent un peu fort. On entend Paul crier : « D'accord pour cette fois, mais dans deux mois, c'est nous qui vous apprendrons à jouer ! »

Quelques clients choqués regardent Paul. Marcel a vu la table où l'attendent sa femme et sa fille.

—Germaine, je te présente mon ami Paul. Figure-toi qu'on s'est retrouvés dans la tribune au stade, nous étions voisins...

Une rencontre-surprise

—Enchanté, dit Paul en s'inclinant. J'ai été très heureux de revoir ce cher Marcel, mais il en a profité pour m'humilier par un quatre à zéro...

Déjà, Marcel a commandé le champagne promis, on lève les coupes, on porte un toast :

— A nos retrouvailles !

— Au fait, demande Germaine, depuis quand vous connaissez-vous ?

— Mais depuis toujours, chère madame, plaisante Paul, qui ajoute : nous étions ensemble au collège Saint-François Xavier de Vannes ! Tu te rappelles, Marcel, le père Francis et ses cours de maths et la petite souris blanche que nous élevions dans ton bureau...

— Ah, non ! Tu fais erreur, je n'ai jamais mis les pieds dans ce collège religieux, mes parents ne l'auraient jamais voulu... Je pense que tu confonds avec quelqu'un d'autre... J'ai connu ce cher Paul — ce sont des choses qu'on n'oublie pas — pendant mon service militaire à Alger en 1928. D'ailleurs, tu n'as pas beaucoup changé depuis. Notre caserne se trouvait au-dessus du quartier de Bab-el Oued. Tu te rappelles, Paul, l'adjudant Le Floch qui était plus souvent ivre que dans son état normal...

C'est le tour de Paul de prendre l'air étonné :

— Alger !!! Mais j'ai fait mon service dans la Marine à Brest en 31 !

— Mais alors, Papa, où as-tu vu ce monsieur ? interroge Anne, la fille de Marcel.

Les deux hommes se regardent, font encore quelques recherches : « Le travail ? » Non, l'un est employé de banque, l'autre tient un commerce à 100 kilomètres...

« La chasse ou un autre loisir ? » Pas d'avantage.

Une rencontre-surprise

Paul chasse oui, mais Marcel pêche. Marcel bridge, Paul n'a jamais touché une carte.

« La politique ? » N'insistons pas : Marcel est un grand socialiste et le cœur de Paul bat nettement à droite...

« Bon, résume aimablement Germaine, vous ne vous connaissiez pas avant ce fameux match Quimper–Pontivy d'aujourd'hui... Évidemment, vous êtes chacun le sosie d'un autre que vous avez connu... »

13
Crime dans le couloir

« Un brave homme... Mais il boit... »
C'est ainsi que l'on présente notre voisin. Il habite l'appartement sous le nôtre. On dit aussi qu'il est très compétent dans son métier d'Inspecteur primaire d'académie (il inspecte le travail des instituteurs de la région). Il est très impressionnant : une stature puissante, une voix de basse profonde. Il est très cultivé aussi, il a une immense bibliothèque qui me fascine. Il me donne des livres d'histoire et de géographie, des livres de lecture. Un homme charmant, donc...

Mais... il boit. Longtemps veuf, « c'est comme ça qu'il se console » dit ma mère. Il aime en particulier les alcools forts, le rhum et le cognac. Depuis deux ans il est remarié avec une dame très gentille. On a pensé que ce mariage « arrangerait les choses ». Autrefois, seul, Monsieur l'inspecteur buvait et il s'endormait vite. Il ronflait très fort. Maintenant, il se dispute toujours avec sa nouvelle femme. Et nous ne pouvons plus dormir dans notre appartement avec tout ce bruit.

Quand nous les rencontrons, le lendemain, au pied de l'escalier, dans le large couloir qui nous est commun, nous ne disons évidemment rien de ce que nous avons entendu la veille. On se salue aimablement. Si c'est moi qui rentre de l'école on m'invite et on bavarde; si c'est ma mère avec son panier à provisions, on échange quelques mots sur le temps; si c'est mon père qui range son vélo dans le couloir, on parle jardinage ou politique locale.

On maintient ainsi une qualité de vie qui satisfait tout le monde jusqu'au jour où...

La soirée est semblable aux autres. Chez nous, c'est le repas familial habituel. Mon frère, ma sœur et moi essayons de monopoliser la parole pour raconter nos « passionnantes » histoires de classe.

Mon grand-père, qui vit chez nous quatre mois par an, raconte pour la quarante-deuxième fois sa guerre 14–18. Mes parents essaient de se raconter leur propre journée. Cérémonie-vaisselle : on se dispute pour savoir qui lave et qui essuie. Et cérémonie-radio : on se groupe autour du récepteur avec son œil vert qui brille dans la pénombre et on écoute Radio Luxembourg avec le fameux *Quitte ou Double* : des candidats érudits répondent à des questions de plus en plus difficiles. Avant une nouvelle question, ils peuvent abandonner le jeu : ils « quittent ». S'ils continuent et trouvent la bonne réponse, l'argent gagné est multiplié par 2 : ils « doublent ».

Dans l'appartement de l'inspecteur, les voix montent. Au grave violoncelle de Monsieur répond la fine flûte traversière de Madame. On n'y prête pas attention, on se contente d'augmenter le volume de notre radio. Quand, à nouveau, notre émission devient difficile à suivre à cause du bruit en bas qui est de plus en plus fort, on se rapproche du poste-récepteur. Des bruits de vaisselle cassée accompagnent le concerto pour violoncelle et flûte, et nous, nous allons nous coucher parce que l'émission *Quitte ou Double* est terminée : le candidat s'est arrêté à 1 224 000 francs, il a quitté, a remercié la station de radio et la firme de savon qui sponsorise l'émission. Chacun va dans sa chambre (la même pour les trois enfants) et se couche très vite car il fait frais.

C'est alors que les événements prennent une tournure inhabituelle, même dramatique : aux cris succèdent et s'ajoutent les bruits de vaisselle brisée, les meubles déplacés. On entend Monsieur l'inspecteur primaire d'académie courir après Madame sa deuxième épouse. On entend Madame courir aussi. La course se passe d'abord dans l'appartement, puis dans le couloir.

Madame, tout en galopant de belle façon, fait à Monsieur l'inspecteur des commentaires sur sa conduite, lui attribue des... noms d'animaux relativement inattendus. Monsieur l'inspecteur donne à Madame... des noms d'oiseaux, mais la profondeur de sa voix nous empêche de tout saisir.

Les portes claquent : sans doute Albertine (c'est Madame) cherche à retarder Louis (c'est Monsieur l'inspecteur) dans sa course.

« Tu vas voir ce que tu vas voir ! » dit Louis. Nous, en haut, nous nous inquiétons. Albertine crie quelques « Au secours » à tout hasard. Mais elle sait que cela ne sert à rien puisqu'officiellement, nous sommes sourds.

Moi, le plus jeune, je commence à avoir peur; mais je continue à ricaner sous mes couvertures comme mes deux aînés.

Quand, soudain : PAN ! Un seul coup mais très sec, très violent.

Un coup de revolver. On n'a pas l'habitude d'entendre ça sauf au cinéma, mais c'est cela. Monsieur Louis a fait partie de la Résistance et, comme beaucoup

Crime dans le couloir

de patriotes, il a dû conserver un revolver à la maison. Et il a tué Albertine ! En bas, la course est finie. Un silence... de mort emplit la maison. On entend encore quelques pas lourds de Louis, puis plus rien. Papa vient nous dire en chuchotant :

—Ne vous inquiétez pas, c'est fini, on verra demain...

—Oui, mais Papa, dis-je, en retenant mes larmes... et la pauvre Madame...

—Ce n'est rien, dors, demain tu dois te réveiller de bonne heure.

Il m'embrasse sur le front et, malgré quelques rêves agités, je dors.

Le lendemain matin : les préparatifs de la journée se font dans un demi-silence dramatique. Papa met le son très faible pour écouter ses informations à la radio. Nous ne nous disputons pas; le grand-père est resté au lit sur « ordre maternel ».

Et, enfin, papa, le premier, ose ouvrir la porte et descendre l'escalier. Nous sommes tous penchés sur la rampe, très effrayés. Nous attendons un deuxième coup de revolver de Monsieur l'inspecteur pour faire disparaître les témoins de son crime...

Et on entend... un énorme éclat de rire : en prenant son vélo en bas dans le couloir, papa a découvert son pneu arrière... éclaté ! Le coup de revolver d'hier soir...